Género Ficción realista

I0794282

Pregunta esencial

¿Cómo puede una persona cambiar tu manera de pensar?

Cantar, cantar

Diego Kochmann
ilustrado por Carlos Aón

Capítulo 1

El sueño de Mary

A algunos niños les encanta jugar al baloncesto y otros disfrutan de pasear en bicicleta o reunirse con amigos para tomar un helado. También están aquellos que esperan el invierno para patinar sobre los lagos congelados, pero a Mary le gusta algo diferente: ella ama cantar.

Ya de pequeña disfrutaba al oír por la televisión a sus cantantes favoritas. En su habitación tiene una gran colección de discos y las paredes están tapizadas con varios pósters de sus ídolos. Todos ellos, excelentes músicos. "Mi sueño es ser una gran cantante", piensa todas las noches, antes de acostarse a dormir.

Mary practica todas las mañanas frente al espejo. Ya sabe varias canciones enteras, sin embargo no está contenta porque se da cuenta de que aún su voz no es hermosa como la de sus cantantes preferidas. Entonces mira por la ventana a unos pajaritos posados sobre las ramas de un árbol. Están cantando, y lo hacen muy bien. Es un verdadero placer oírlos. “Ellos sí que saben cantar”, suspira la niña algo triste.

Pero enseguida vuelve a ensayar. Sabe que debe practicar hasta muy tarde, hasta que las velas no ardan. Es la única manera de mejorar. “Nadie nace sabiendo”, le habían dicho sus padres hace tiempo, “solamente los pajaritos”.

Alicia es la maestra de música de la escuela. Ella quiere mucho a Mary y desea ayudarla. Cuando la ve apenada, le habla sobre las estrellas de rock y folk.

—¿Cómo crees que cantaban todos ellos cuando tenían tu edad?

—No lo sé, supongo que bien.

—Pues te equivocas. Piensa, por ejemplo, en un jugador de baloncesto. ¿Acaso piensas que ya de niño encestaba todos los balones en la canasta?

Mary calla.

—Es obvio que no. Con los cantantes sucede lo mismo. Hay que ejercitar muchas, muchas horas para que la voz se oiga como uno desea.

Tras escuchar a Alicia, Mary se pone de buen humor y enseguida comienza a ensayar.

Capítulo 2

Armar una banda

Mary no es la única de la familia a quien le gusta la música. Su hermano Ben es dos años mayor, y adora tocar la guitarra. Es muy talentoso y hace tiempo que está aprendiendo con Alicia.

—Podríamos tocar juntos —le pide Mary.

Su hermano acepta con gusto, y juntos se dirigen al garaje. Su papá los acompaña.

El garaje es un muy buen lugar porque es espacioso y está algo alejado de la casa. Comienzan con una canción de rock, pero no resulta sencillo porque ella aún debe aprender mucho y a Ben le cuesta seguirle el ritmo. Aun así, ninguno de los dos se resigna. Intentan una y otra vez coordinar la voz con los acordes de la guitarra y, de a poco, la canción comienza a salir más bella.

De pronto aparece su madre, quien los llama para ir a cenar.

—Vamos hermana, mañana seguiremos ensayando. ¡Y lo haremos mucho mejor!

Ben desea armar una banda.

—Necesitarán a un pianista y alguien que toque la batería. Ustedes podrían ser los líderes de la banda, ¿qué piensas, Mary? —pregunta el padre.

La niña no está muy convencida. Tiene miedo de que su voz falle cuando quiera cantar frente a otras personas.

Ben intenta convencerla. El padre le dice que es normal que sienta temor de cantar frente a muchas personas. Entonces le cuenta la historia de Lucas Rosso, un famoso violinista.

—Él tocaba el violín como nadie en la ciudad, pero era bastante temeroso. Y no había manera de lograr que se presentara en público. Hasta que un día le hicieron una propuesta. A Lucas, lo que más le gustaba en la vida era el helado. Si se atrevía a tocar, le regalarían el helado más grande del mundo. Se animó, tocó el violín de manera brillante y recibió un helado enorme y de muchos sabores. Así se inició la carrera de Lucas.

Alicia, la maestra, piensa que es una buena idea que practiquen juntos. Como Ben está aprendiendo a componer, Alicia le pide que componga una canción sencilla, especial para su hermana. Tras unos días, el niño ya tiene lista la canción. Su título es "El futuro es nuestro", y a todos les encanta la melodía. A Mary también le agrada, porque además es fácil de aprender.

Mary está muy contenta por el apoyo de su maestra y su hermano. Sin embargo, todavía no está conforme con su voz. "No sale tan linda como me gustaría". Pero en lugar de apenarse, se pone a practicar porque ella no es de las personas que tiran la toalla apenas se <u>presenta</u> la primera dificultad.

Detective del lenguaje	**El verbo subrayado en la última oración, ¿es un verbo regular? ¿En qué tiempo está conjugado?**

Capítulo 3

Hoy lo lograré

Este domingo no es como cualquier otro. Mary se despierta temprano, se levanta de la cama y se dirige al baño.

Antes de lavarse el rostro, se mira al espejo. Es ella, pero se siente distinta. Una extraña valentía le recorre el cuerpo. Antes de bajar a desayunar, abre la ventana de su habitación y observa los pajaritos, que están cantando más fuerte que nunca, y parecen muy felices. "Yo puedo cantar tan bien como ellos", piensa Mary.

Se vuelve a parar frente al espejo, permanece observándose un largo rato y sonríe.

Y aunque no hay nadie para oírla, dice en voz alta:

—Hoy lo lograré.

Lo que ve en el espejo le parece sorprendente: su mirada es la de una niña segura y llena de proyectos.

Baja corriendo las escaleras y se encuentra con su hermano, que está desayunando, le quita el vaso de leche de la mano y lo lleva al garaje.

—Pero, ¿qué ocurre, hermana?

—Vamos al garage y empecemos a ensayar.

Al principio, la voz de Mary sale algo temblorosa. Entonces le pide a su hermano que se detenga y que comiencen de nuevo la canción. ¡Ahora sí!

Mary entona la melodía con gran seguridad y su voz suena de manera perfecta con los acordes de la guitarra. Por ello, la canción alcanza una belleza casi mágica. Sus padres y algunos vecinos se acercan al garaje a escuchar. Al finalizar, aplauden con entusiasmo.

Los hermanos se sorprenden por los aplausos y se alegran mucho.

—¡Esta vez sí que nos ha salido bien! ¡Y sin hacer trampas!

Los padres les piden que vuelvan a tocarla. ¡Y esta vez suena aún más hermosa! Y pese a que están cansados y ni siquiera desayunaron, no paran de ensayar. Intentan con otra canción, algo más complicada. "Eso no es problema", piensa Mary, "ahora puedo cantar cualquier canción".

Ben está muy feliz por su hermana y tiene aun más ganas de armar la banda. Cuando finalizan una de las canciones, se acerca a ella y la abraza.

—De veras te felicito, has progresado de manera increíble.

Detective del lenguaje	**El verbo subrayado en esta página, ¿en qué tiempo está conjugado? ¿Qué terminación tiene el verbo en infinitivo?**

Capítulo 4

Arcoíris

Los padres ayudan mucho a los niños para que la pequeña banda sea una realidad.

Durante los siguientes meses, continúan practicando y ya saben tocar más de veinte canciones. ¡Y todas son hermosas!

Un día llega Ben a la casa con dos amigos de la escuela y sus padres.

—Julia toca el piano y Marcos, la batería. Con ellos podremos completar la banda —le dice a su hermana.

Ella acepta encantada. Así, todas las tardes se reúnen los cuatro en el garaje para seguir practicando.

Los padres de Julia y Marcos están encantados.

—Es cierto que la banda suena muy bien, y qué voz más maravillosa tiene Mary —comenta la madre de Julia.

Como todos los años, en el mes de noviembre se realiza en la escuela el festival de canto. Apenas se entera, Mary corre para inscribirse. Se tiene mucha confianza.

Durante la cena, Ben la alienta:

—Brillarás en el festival, ya verás.

—Gracias por alentarme, Ben. Eres un hermano maravilloso y estoy muy orgullosa de ti —dice Mary muy emocionada.

Luego hace una mueca graciosa y todos se ríen.

A la noche, Mary comienza a pensar en qué canción elegirá para cantar en el festival, pero no tarda mucho en decidirse.

—“El futuro es nuestro”, ¿cuál otra si no?

Es el día del festival. Son muchos los niños que participarán. Por eso, Mary se siente algo nerviosa, sabe que no va a ser fácil cantar allí.

Justo antes de subir al escenario, Ben le dice:

—Lo más importante es que des lo mejor de ti, y que disfrutes al hacerlo. ¿O acaso no es lo que más te gusta en la vida?

Esas palabras resultan mágicas para Mary. De inmediato se tranquiliza y sube los escalones con total seguridad, toma el micrófono, mira al público y comienza a cantar. ¡Y en qué forma!

—Canta como un ruiseñor —exclaman todos.

Mary agradece los aplausos. También dice que sin la ayuda de su maestra, su hermano y sus padres, no lo hubiera logrado.

No pasa mucho tiempo hasta que invitan a la banda a tocar en un espectáculo musical en el pueblo. Y lo hacen de la mejor manera. Adelante está Mary, con su voz fabulosa. Más atrás la acompañan Ben, Julia y Marcos, cada uno con su instrumento. Y junto a ellos, los padres de todos, que siempre los apoyan, alientan y protegen.

La banda ya tiene un nombre: Arcoíris. Y ya son famosos en todo el pueblo. Cuando la gente se entera de que van a tocar, se apuran para ocupar los primeros lugares. Es que todos quieren oír de cerca esa voz maravillosa, la voz de Mary.

Respuesta a la lectura

Resumir

Resume los sucesos importantes de *Cantar, cantar.* Usa el organizador gráfico como ayuda.

Personaje		
Ambiente		
Causa	→	Efecto
Causa	→	Efecto
Causa	→	Efecto

Evidencia en el texto

1. ¿Cómo sabes que *Cantar, cantar* es un cuento de ficción realista? **GÉNERO**

2. En la página 8, ¿cómo recibe Mary la canción que compone Ben a pedido de la maestra? **CAUSA Y EFECTO**

3. ¿Qué significa el modismo *hasta que las velas no ardan* en la página 3? Usa las claves de contexto como ayuda para descubrir el significado. **MODISMOS**

4. Escribe acerca de cómo Ben ayuda a Mary. **ESCRIBIR SOBRE LA LECTURA**

Género Biografía

Compara los textos

Lee sobre cómo Madam Walker logró el éxito en su vida.

Madam C. J. Walker

(1867-1919)

Madam C. J. Walker

Madam C. J. Walker fue una mujer de negocios muy exitosa. Se cree que fue la primera mujer afroamericana millonaria de Estados Unidos.

Trabajó mucho para lograr el éxito. Su nombre de nacimiento era Sarah Breedlove. Sus padres eran trabajadores agrícolas que habían sido esclavos antes de que se aboliera la esclavitud. Ambos murieron cuando ella tenía siete años. Se casó muy joven, pero su esposo murió unos años después. Sarah se mudó a St. Louis, donde sus hermanos se habían establecido como barberos. Trabajó para ellos y crió a su hija.

Michael Ochs Archives/Getty Images

De 1890 a 1900, Sarah sufrió un problema en el cuero cabelludo que le provocó la pérdida de gran parte de su cabello. Intentó toda clase de remedios y tratamientos. Por estos experimentos, se puso en contacto con Annie Malone, una empresaria de St. Louis que vendía una variedad de productos para el cabello. Sarah fue su vendedora.

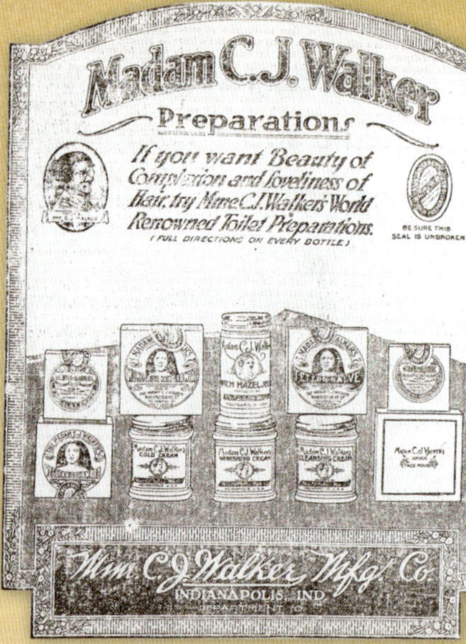

Madam Walker publicitaba sus productos eficazmente.

Luego, cambió su nombre a Madam C. J. Walker y fundó su propio negocio de venta de productos para el cabello. Pasó más de un año viajando por el Sur, vendiendo sus productos de casa en casa. Quería que todos los conocieran. Finalmente, los productos comenzaron a venderse. Con el tiempo, fue lo suficientemente exitosa para construir su propia fábrica, de la cual estaba muy orgullosa. También construyó un salón de belleza y dos escuelas de enseñanza de belleza.

Madam Walker animaba a las personas que trabajaban para ella a informarse sobre los derechos civiles. También donaba mucho dinero a organizaciones que trabajaban por los derechos y las oportunidades de los afroamericanos. En 1917, fue parte de una delegación que se dirigió a la Casa Blanca para expresar sus preocupaciones sobre las políticas del gobierno que afectaban a los afroamericanos.

Trabajó arduamente para lograr el éxito de su negocio y siempre alentó a otros a hacer lo mismo.

Madam Walker estaba muy orgullosa del éxito que había logrado.

Haz conexiones

¿Cuáles son algunas de las cualidades que hacen que Madam C. J. Walker sea una inspiración? **PREGUNTA ESENCIAL**

¿Qué persona te anima para ser mejor y hacer realidad tus sueños? **EL TEXTO Y OTROS TEXTOS**

Enfoque: Género

Ficción realista La ficción realista cuenta algo inventado que podría haber sucedido en la vida real. Los personajes de una ficción realista se parecen a personas que conocemos en nuestra vida real. Los ambientes y los sucesos, aunque son inventados, podrían ser reales.

Lee y descubre Mary, en *Cantar, cantar*, es una niña que tiene deseos y dificultades que podría tener cualquier niño en la vida real. Quiere cantar y formar una banda de música, pero antes debe aprender a cantar. Mary le pide ayuda y consejos a sus padres y a su maestra. Esta niña y los otros personajes podrían ser personas reales.

Tu turno

Piensa en un momento en que alguien te haya ayudado a cambiar tu manera de pensar. Escribe un cuento realista inspirado en esa situación. Usa personajes y ambientes inventados pero que podrían ser reales.